EN LA BIBLIOTECA

Heather Alexander

ilustrado por Ipek Konak

Kane Miller
A DIVISION OF EDC PUBLISHING

La biblioteca es un lugar lleno de historias y de información.

Seguramente hay una biblioteca en tu ciudad o cerca. ¿Alguna vez has visitado una biblioteca?

Ilumina el reverso de las páginas con una linterna o míralas al trasluz para ver qué ocurre en la biblioteca. Descubre un mundo lleno de sorpresas.

La biblioteca es un sitio donde puedes aprender muchas cosas. ¡Está LLENA de libros! Las bibliotecas son gratis y puede ir quien quiera.

Un Señor está leyendo el periódico. ¿Quién más está usando hoy la biblioteca?

Un niño estudia para un examen.
Una mamá le lee a su bebé.

Todos disfrutan
de la biblioteca.

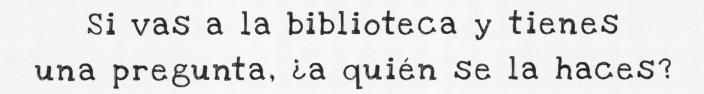

Si vas a la biblioteca y tienes
una pregunta, ¿a quién se la haces?

¡Al bibliotecario! Los bibliotecarios
saben todo sobre la biblioteca
y te pueden ayudar a
encontrar un buen libro o la
información que necesites.

¿A quién está ayudando
el bibliotecario?

¡A un gran lector!

Este niño quiere llevarse libros a su casa. Le da su tarjeta de la biblioteca al bibliotecario para que escanee los libros y se los pueda llevar.

En esta biblioteca hay varias normas:

☑ No se puede comer ni beber.

☑ No se puede escribir en los libros ni pintarlos.

☑ No se puede desordenar.

Hay una norma muy importante.

¿Cuál es?

No se puede hablar fuerte ni hacer ruido.

Las personas que van a la biblioteca deben hablar en voz baja y ser respetuosas. Mucha gente va a la biblioteca a estudiar o a trabajar.

¡Shhh!

En las bibliotecas, los libros de ficción se ordenan por orden alfabético según el apellido del autor. Los libros de no ficción se numeran según el sistema de clasificación decimal Dewey.

¿Sabes cuál es la diferencia entre ficción y no ficción?

Los libros de ficción los inventan los autores usando su imaginación.

Los libros de no ficción dan información real. Pueden tratar de la vida de alguien o de algo que pasó en la realidad.

En la biblioteca la puedes pasar muy bien. No siempre es un lugar silencioso. A veces tienen eventos especiales.

¿Qué hay detrás del telón?

¡Detrás del telón hay títeres!

¡Clasp!

Estos niños están viendo
un teatro de títeres

Es la hora del cuento en la biblioteca, y una niña ha llevado a un amigo muy especial. Es callado, muy suave y le encantan los cuentos.

¿Quién es?

¡Su osito de peluche!

Algunas bibliotecas tienen zonas especiales
para niños, con sillas muy cómodas,
almohadones y juguetes. Los niños pueden
jugar con los juguetes de la biblioteca
o llevar los suyos.

En esta biblioteca hay una fila larga de personas.

¿Qué están esperando?

¡Esperan a que la autora
les firme sus libros!

Algunas bibliotecas organizan
firmas de libros. Los autores
firman sus libros y muchas
veces leen varias páginas
para sus lectores.

En una biblioteca puedes tomar libros prestados y devolverlos unos días después. Algunas tienen máquinas de autochequeo.

¿Cómo usa esta niña la máquina y cuántos libros va a tomar prestados?

Hoy ha tomado dos libros prestados.

Usa el escáner para escanear su tarjeta. Después, escanea los libros. Cuando termina, sale un recibo que le indica cuándo los tiene que devolver.

¡Ya puede llevárselos y leerlos!

La niña regresa a la biblioteca una semana más tarde. Mete los libros por una ranura que hay en la pared.

¿En dónde van los libros?

Todos los libros van a unas cajas como esta.

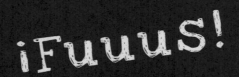

Después, la bibliotecaria o un ayudante
los vuelven a poner en los estantes.

La vida está llena de preguntas, pero ¿dónde puedes encontrar las respuestas? La biblioteca es el lugar perfecto. Ahí puedes aprender todo tipo de cosas.

¿Qué está mirando este niño?

¡El mundo!

En la biblioteca hay globos
terráqueos, computadoras,
diccionarios, atlas, periódicos
y mucho más.

¿Sabes cuál es el animal que tiene los ojos más grandes o cuántos huesos hay en el cuerpo humano?

Estos niños usan las computadoras de la biblioteca para buscar las respuestas. ¿Sabes cuáles son?

El calamar gigante es el animal
que tiene los ojos más grandes.

 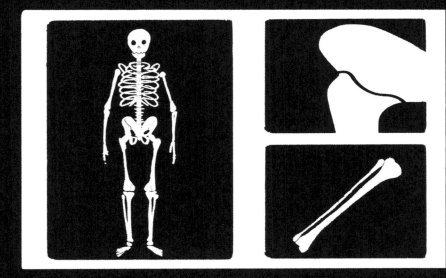

El cuerpo humano de un adulto
tiene 206 huesos.

A esta biblioteca ha ido un invitado sorpresa. Después de la hora del cuento, los niños le podrán leer libros, pero ahora está escondido.

¿Lo ves?

¡Ahí está! Está escondido
debajo de la alfombra.

Algunas bibliotecas llevan perros
como este para animar a los niños
a leer en voz alta y desarrollar
la confianza en sí mismos.

¡Guau!

¿Qué ocurre si una familia vive lejos de la biblioteca? Algunas bibliotecas tienen un camión especial llamado libro-móvil que visita esos sitios.

¿Ves lo que hay adentro?

¡Adentro hay juguetes,
películas y muchísimos
libros, por supuesto!

La Biblioteca del Congreso de Washington, D.C., es la más grande del mundo. ¡Tiene 838 millas de estantes de libros! En esta biblioteca también hay objetos y colecciones especiales.

¿Qué crees que están mirando estos niños?

Están mirando dos objetos especiales
de la Biblioteca del Congreso:

La huella de la mano de Amelia Earhart. Fue la primera mujer que cruzó el océano Atlántico en solitario en un avión.

La receta del helado de vainilla de Thomas Jefferson. Fue el tercer presidente de los Estados Unidos.

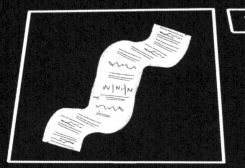

No todas las bibliotecas son grandes. Una familia construyó una pequeña caja de madera y la puso enfrente de su casa.

¿Qué hay dentro de la caja?

Dentro de la caja hay libros.

Se basa en el sistema de "toma un libro, deja un libro". Si tomas un libro, te piden que dejes otro a cambio. Así la siguiente persona también tiene libros para elegir.

Este libro está a punto de terminar. ¿Qué vas a leer después? ¿Un libro de ficción o quizás un libro sobre aviones y trenes? ¡Visita la biblioteca para encontrar más libros geniales!

Aún hay más...

En las bibliotecas de todo el mundo hay libros, objetos y colecciones especiales. Aquí tienes algunos de los libros más increíbles, los objetos más interesantes y las colecciones más extrañas que puedes encontrar.

Old King Cole   Es el libro más pequeño de la Biblioteca del Congreso. Es del tamaño del punto que hay al final de esta oración.

Winnie the Pooh   El osito de peluche que inspiró al autor A. A. Milne a escribir sus famosos cuentos, se encuentra en la Biblioteca Pública de Nueva York.

Proyecto Mark Twain   Muchas bibliotecas y organizaciones tienen bibliotecas digitales que pueden accederse en línea. En la biblioteca digital de la Universidad de California, en Berkeley, la gente puede mirar y leer gratis las cartas personales de Mark Twain, sus notas y sus fotografías.

Colección de magia   En la Biblioteca de la Universidad de Princeton, hay una colección especial de magia con libros, fotografías y álbumes de recortes. Muchos de los libros son muy antiguos y únicos.

El contenido de los bolsillos de Abraham Lincoln

En la Biblioteca del Congreso, hay una colección de las cosas que llevaba Abraham Lincoln en sus bolsillos el día que murió, como un pañuelo con su nombre bordado en rojo, una navaja y dos pares de anteojos.

Atlas Klencke

Es el atlas más grande del mundo. Mide 5 pies y 9 pulgadas de alto y 6 pies y 3 pulgadas de ancho. Es más alto que muchos adultos. Se encuentra en la Biblioteca Británica de Londres, en el Reino Unido.

Colección de globos de nieve

La biblioteca de la Universidad de Cincinnati tiene una gran colección de globos de nieve expuestos por todo el edificio.

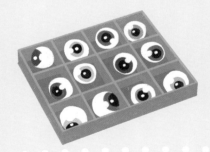

Ojos

La Universidad de Duke, en Carolina del Norte, tiene una colección muy rara de ojos de cristal que los estudiantes y los investigadores pueden inspeccionar.

Biblioteca de semillas

La Biblioteca Pública de Vancouver, en Canadá, tiene una biblioteca de semillas. Los visitantes pueden tomar, donar o intercambiar semillas para plantarlas en sus jardines.

First American Spanish Language Edition 2019
Kane Miller, A Division of EDC Publishing

Spanish translation by Ana Galán
First published in the US in English in 2019 under the title, *At the Library*.
Copyright © 2019 Quarto Publishing plc

For information contact:
Kane Miller, A Division of EDC Publishing
PO Box 470663
Tulsa, OK 74147-0663
www.kanemiller.com
www.edcpub.com
www.usbornebooksandmore.com

Library of Congress Control Number: 2018946316

Printed in China

ISBN: 978-1-61067-918-3